Anne Crahay

BIENVENIDA, FELICIDAD

ideaka

EDELVIVES

A Camomille y Petits Pieds ♥

Introducción

Este libro propone cuatro ejercicios de relajación, con palabras y movimientos, que permiten explorar el camino de la felicidad.

Cada ejercicio consta de dos partes:
• Una introducción de carácter explicativo dirigida a los padres, en la que se describe detalladamente cada movimiento.
• Un texto ilustrado que desarrolla las sensaciones del ejercicio, para leérselo a los niños. Por medio de palabras e imágenes poéticas, se ilustran sensaciones que a veces resulta difícil transmitir y se conecta con la imaginación de los niños, para ayudarlos a controlar el movimiento y sentir calma interior.

Estos ejercicios de relajación son autónomos, pero se complementan. Se pueden leer todos seguidos o cada uno por separado, según la disposición personal y el momento del día. Son sencillos y alegres y no tardarán en convertirse, de manera natural, en palabras claves para los niños, en movimientos reflejos que los ayudarán a reconocer la felicidad, aceptarla, saborearla y dejar que se instale en su interior.

Momentos de calma compartidos entre padres e hijos, que reconcilian el cuerpo y el espíritu y cuyos beneficios durarán toda la vida.

Esta iniciativa de Anne Crahay está inspirada en Brain Gym®, un planteamiento educativo creado en los años ochenta que reúne el pensamiento (brain) y el cuerpo (gym) y despierta el placer de aprender a través del movimiento. Este libro ha sido editado en colaboración con Marie-Anne Saive, especialista en kinesiología educativa y Brain Gym®.

DOÑA FELICIDAD

Para poner el cuerpo en movimiento
y sentir el bienestar.
Para activar y visualizar el centro del cuerpo.

Postura:
De pie, postura abierta en forma de X.
Los hombros relajados.
Los ojos abiertos.

El niño está de pie, con los pies separados y los brazos extendidos hacia el cielo. El cuerpo forma una X y las rodillas están relajadas. Hace movimientos cruzados. Explora las diferentes partes de su cuerpo cruzando la línea mediana. Por ejemplo, con la mano izquierda se toca el talón del pie derecho, con el índice derecho se toca la oreja izquierda, con el codo izquierdo se toca la rodilla derecha, y luego al revés.

Con estos movimientos, el niño toma conciencia de que todos sus miembros están conectados con el centro del cuerpo. Vuelve a adoptar la postura en forma de X tomando conciencia de ese centro.

¿Esto para qué sirve?

La X es una postura
de apertura y expansión.
Esa expansión está estructurada
alrededor del centro, del ombligo.
La apertura del cuerpo es
radiante como la alegría.
El centro del cuerpo es un punto
de anclaje que apacigua.
Estar junto a alguien que
expresa su alegría despierta
en nosotros los mismos
circuitos neuronales.
Y una buena noticia:
¡la alegría es contagiosa!

Codo izquierdo
y rodilla derecha,
y luego al revés.

Mano izquierda
y talón derecho,
y luego al revés.

¿Conoces a doña Felicidad?
¿A qué se parece?

Dicen que se oculta en un jardín salvaje.
Cuentan que en ese jardín los árboles crecen
en libertad y que la hierba asilvestrada baila
alegremente al viento.
Allí todo el mundo puede crecer tal y como es,
pues en ese jardín todos los seres son perfectos.

¡Doña Felicidad!
¿Dónde está?

¿Se esconde acaso bajo mis pies?
¿O tal vez bajo mis brazos?
¿Se oculta detrás de mí?
¿Quizá detrás de mi trasero?
Dicen que doña Felicidad es una bromista.

Si salto, ¿vendrá a jugar?
Si doy vueltas, ¿vendrá a bailar?
Si me río, ¿vendrá a divertirse?
¡Oh! Shhhh.
Creo que ya llega…

Con los dos pies bien plantados
en mi jardín salvaje,
respiro el sol.
Le doy la bienvenida a mi alegría.
¿Qué me hace la alegría por dentro?
Tal vez note su calor suave,
unos cosquilleos en los pies o los dedos…

Qué divertido es ese jardín
que crece justo ahí.
Puedo ir allí cuando quiera.
Porque doña Felicidad ¡soy yo!

EL PINGÜINO

Para sentirse apoyado y reconocido.
Para estar en contacto y desarrollar
la confianza.

Este movimiento consta de 3 partes.

Postura:
Dos personas: dos niños, o bien un niño y un adulto.
Sentados con las piernas cruzadas, espalda contra espalda.
La espalda bien recta.
Los ojos cerrados o abiertos.

Antes de empezar el movimiento, el niño puede hacerse a sí mismo
unas fricciones, como si quisiera entrar en calor, y luego puede
ofrecer ese masaje rápido a la otra persona, si a esta le parece bien.

Sentados espalda contra espalda, cada miembro de la pareja
toma conciencia del calor del otro.
¿Qué partes del cuerpo están en contacto con la otra persona?
Cada uno respira en conciencia y la pareja sincroniza la respiración.
El niño aprende a descansar en la otra persona y a confiar en ella.

¿Esto para qué sirve?

El pingüino (balanceo en Brain Gym®) permite relajar y estirar la espalda, donde se acumula mucha tensión. El tacto y el contacto amistoso favorecen la producción de oxitocina (hormona del apego) y aumentan el sentimiento de pertenencia y el vínculo en una relación de confianza.

Y, ¡hop!, me sumerjo y hago ondas despacito.

En la segunda parte del movimiento, el niño está de pie o sentado con las piernas estiradas y los tobillos cruzados. Eleva los brazos e inspira. Luego, con los brazos todavía por encima de la cabeza, inclina el torso expulsando el aire, ondulando el cuerpo hacia un lado y luego el otro. Cuando llega abajo, se detiene unos instantes para relajar la espalda, los hombros y la nuca, y luego se incorpora de nuevo, despacio, tomando una inspiración. Puede sumergirse así varias veces.

La pareja vuelve a colocarse espalda contra espalda. Una vez más, el niño concentra su atención en el calor del cuerpo. ¿Es distinto de la primera vez? Puede que la zona de contacto se haya extendido un poco.
Manteniendo ese contacto, los dos miembros de la pareja se balancean despacio de izquierda a derecha, hacia delante y hacia atrás.

¡Brrr...! ¡Qué frío hace en el polo!
Los pingüinos se colocan uno
contra el otro y se dan calor.
Froto a mi plumífero vecino
y luego él me frota a mí.
Nos colocamos espalda contra espalda
y me apoyo en mi amigo.

Tal vez note calor en la parte baja
o alta de mi espalda…
¡Shhhh!
Escucho la respiración de mi amigo
y noto cómo se mueve su espalda.
Respiramos juntos,
una vez, dos veces, tres veces.
Qué bien sienta regalarse un poco
de cariño.

Con los tobillos cruzados, inspiro
mientras levanto los brazos hacia el cielo.
Y, ¡hop!, nos sumergimos en el agua. Suelto
el aire y nado con movimientos ondeantes.
Qué bonito es todo bajo el agua. Relajo
la espalda, la nuca y los hombros.
Me sumerjo una vez, dos veces, tres veces.

Vuelvo a notar el calor de su espalda.
¿Es distinto de la vez anterior?
Estoy relajado y me dejo caer contra él.

Respiro con el vientre y nos mecemos
despacio de izquierda a derecha,
hacia delante y hacia atrás.
Es tan agradable como tener un amigo.

Aprendemos a confiar el uno en el otro,
podemos apoyarnos mutuamente
y darnos calorcito.
Qué bueno es confiar.

Doy, recibo...

Para entrar en relación con el otro.
Para reconocer la felicidad, nombrarla
y compartirla.
Este movimiento consta de 2 partes.

Postura:
Sentado o de pie.
**Primero solo y luego en pareja (dos niños, o bien un niño
y un adulto).**
Los ojos abiertos o cerrados.

Doy, recibo... El niño da con una mano y recibe con la otra (una
mano hacia delante y la otra en el corazón), y viceversa.
Sincroniza la respiración con el movimiento.
Hace el movimiento por sí solo, con la conciencia de que lo que da lo
vuelve a recibir.

Luego, la pareja se coloca y establece contacto visual (si esta etapa
resulta difícil, se puede proponer al niño que mire en medio de la
frente de su compañero o que cierre los ojos). Colocados cara a cara,
los miembros de la pareja retoman el ejercicio «Doy, recibo...».
Hacen movimientos coordinados: cuando uno extiende el brazo
derecho, el compañero coloca su mano izquierda en su propio
corazón, y viceversa.

¿Esto para qué sirve?

El contacto visual puede resultar difícil de mantener, incluso para los adultos. Permite un verdadero encuentro, que va mucho más allá de las palabras. Los movimientos fluidos de los brazos simbolizan el intercambio equilibrado, la abundancia, el flujo natural de lo que se comparte con el corazón.

La alegría…
de abrazar un árbol,
de acariciar a mi animal preferido
y de observar las estrellas
en el firmamento.

Doy, recibo…

La alegría…
de andar descalzo por la hierba,
de sentir el viento suave en mi pelo,
la lluvia que hace «plic, ploc»
en mi cabeza, el sol que me da
calor en el rostro justo antes
de que salga el arcoíris.

Doy, recibo…

Hundirme en tus ojos
y quedarme allí al calorcito,
como un amigo.
Qué bueno es confiar en ti.

Doy, recibo…

La alegría…
de compartir la merienda,
de reír como locos
y de correr hasta quedar sin aliento.

Doy, recibo…

La alegría…
de jugar juntos,
de contarte un secreto,
de regalarte una piedrecita mágica
y de saber que estás a mi lado.

Doy, recibo…

Pienso en las estrellas y en el sol, en el viento
suave y en mis pies descalzos en la hierba.
Y respiro,
una vez, dos veces, tres veces.

Pienso en tus ojos, en nuestras risas
y en las piedrecitas mágicas.
Y respiro,
una vez, dos veces, tres veces.

Aprendo a reconocer las maravillas que hay
a mi alrededor. Me siento vivo y alegre.
Estoy en mi sitio.

Doy, recibo…

FUEGOS ARTIFICIALES

Para activar el centro.
Para despertar la cooperación
izquierda-derecha.
Este movimiento consta de 3 partes.

Postura:
De pie, con las rodillas relajadas.
La espalda bien recta.
Cada movimiento se repite 3 veces.
Esta descomposición permite llegar al trazado de un 8 perezoso.

De pie, con los pies bien firmes en el suelo, se invita
al niño a que fabrique luces de colores imaginarias.
Con las dos manos sobre el ombligo, hace el movimiento
de los fuegos artificiales.
Inspira cuando levanta los brazos
y exhala el aire cuando las manos siguen las lucecillas hacia abajo.
Después se lleva otra vez las manos al vientre.

Las dos manos en espejo

Primero una mano y luego la otra

Las dos manos juntas

¿Esto para qué sirve?

Los fuegos artificiales son la base del 8 perezoso (movimiento de Brain Gym®). Permite pasar de los movimientos homólogos (simetría alrededor de la línea mediana) a los movimientos contralaterales (cruce de la línea mediana). Despierta la cooperación de los canales sensoriales (en este ejercicio, la cooperación de los brazos y los ojos).

En la segunda parte de este ejercicio, el niño hace el mismo movimiento, pero solamente por un lado cada vez, alternando un brazo y luego el otro. Así, cada brazo traza un bucle del 8 perezoso.
Para mayor facilidad, el niño puede pasar algún objeto pequeño (una bolsita de arena o de semillas) de una mano a la otra, a la altura del ombligo.

Después junta las manos y traza el 8 perezoso. Sigue las manos con la mirada. Al acabar el ejercicio, ¿es capaz de dibujar el 8 perezoso en una pared?

La felicidad es una cosa mágica,
como los fuegos artificiales.
Tiene unos colores preciosos y hace cosquillas por dentro.
Soy el mago. Tengo los pies firmes en el suelo
y me mantengo erguido.

Atención, señoras y señores,
¡comienza el espectáculo!

Inspiro.
Las primeras luces suben
y siguen mis dedos.
Vuelven a bajar despacito
y centelleando.
Oooh… ¡Qué bonita luz verde!

Inspiro.
Aaah… ¡Qué bonita
luz roja!
Inspiro.
Oooh… ¡Qué bonita
luz amarilla!

Los CÍRCULOS MÁGICOS

¡ATENCIÓN!
MÁS DIFÍCIL TODAVÍA,
SEÑORAS Y SEÑORES,
¡PRIMERO UNA MANO Y LUEGO LA OTRA!

Inspiro.

Las lucecitas siguen a mi mano derecha.

Vuelven a bajar despacio, centelleando.

Oooh… ¡Qué bonita luz verde!

¡Es una pasada!

Ahora se van hacia la mano izquierda.

Inspiro.

Aaah… ¡Qué bonita luz roja!

Inspiro.

Oooh… ¡Qué bonita luz amarilla!

Y AHORA, EL NO VA MÁS, SEÑORAS Y SEÑORES: ¡EL 8 PEREZOSO!

Las lucecitas siguen
a mis dos manos.
Inspiro.
Oooh… ¡Qué bonita luz verde!
Y ahora el otro lado.

Inspiro.
Aaah… ¡Qué bonita luz roja!

Inspiro.
Oooh… ¡Qué bonita luz amarilla!

Vamos a ver si ha obrado la magia.
¿Seré capaz de dibujar un 8 perezoso?

Traducido por Elena Gallo Krahe

Título original: *Bonjour bonheur*

© Albin Michel Jeunesse, 2018
Acuerdo realizado a través de la Agencia Literaria Isabelle Torrubia
© De esta edición: Grupo Editorial Luis Vives, 2020

Edelvives Talleres Gráficos. Certificado ISO 9001
Impreso en Zaragoza, España

ISBN: 978-84-140-2532-1
Depósito legal: Z 1850-2019